AF189009

Maleh'na & Ka'alaya

Wir sind so viel mehr...

Die

MULTIDIMENSIONALITÄT

unseres Seins

www.wirsindsovielmehr.de

Impressum

Erste überarbeitete Auflage © Januar 2019

Text: R.Prillwitz und K.Skodnik © 2017

Umschlaggestaltung: R.Prillwitz

Herstellung und Verlag: BoD – Books on Demand, Norderstedt

ISBN: 9783748172307

Inhaltsverzeichnis

Lausche dem Klang deines Herzens.
Deine innere Stimme wird dir den
Weg weisen.

Einleitung

Wir haben dieses Buch geschrieben, um Ihnen, liebe Leser, einen anderen Blick auf die Dinge, die uns umgeben, zu ermöglichen. Wir möchten Ihnen Informationen bzw. Sichtweisen bieten, die Sie so vielleicht noch nirgendwo gelesen haben. Wir möchten Sie anregen, die Welt mit anderen Augen zu betrachten und Sie ermutigen, den „Schleier der Illusion", von dem die Yogis als Maya sprechen, zu lüften. Wir laden Sie ein, über die Schwelle in eine andere Welt zu treten, eine Welt, die Sie in Ihrem Inneren vielleicht schon lange erahnt haben.

Bei den Wesen, die uns die Botschaften über unsere Akasha Chronik übermittelt haben, handelt es sich um liebevolle Lichtwesen, die uns begleiten und mit Rat zur Seite stehen. Sie selbst bezeichnen sich als „die uns Verbundenen aus einer anderen Dimensionsebene". Sie haben uns Informationen gegeben zu Themen wie wo wir herkommen, aktuellen Veränderungen auf der Erde, den Menschen und noch vielem mehr.

Wir haben uns bei den Botschaften und Kapiteln, die wir in Dialogform gehalten haben, bewusst kurz gefasst. Wir möchten ganz einfach die Botschaft überbringen und Sie nicht mit langwierigen Erklärungen verwirren und die Informationen unnötig aufbauschen. Dennoch lassen sich kleinere Wiederholungen in den einzelnen Kapiteln nicht ganz vermeiden, da jede Botschaft in sich geschlossen ist.

Bereits mit der Thematik vertraute Leser werden feststellen, dass unsere Informationen nicht immer mit dem übereinstimmen, was woanders schon geschrieben steht. Das ist ganz einfach der Tatsache geschuldet, dass es DIE Wahrheit wohl nicht gibt. Genau wie bei uns Menschen ist es in anderen Daseinsebenen so, dass jeder seine eigene Sicht auf die Dinge hat. Das sollten wir nie vergessen. Wir halten unsere Informationen daher auch nicht für die allein gültigen. Jeder ist eingeladen, das, was er liest, für sich selbst zu prüfen. Ist es Ihnen wert, diesen Gedanken, diese Botschaft in Ihre Vorstellungswelt aufzunehmen? Dann tun Sie das. Erscheint Ihnen die Information zu abwegig, dann schließen Sie sie vorerst weg, schieben Sie sie zur Seite. Vielleicht kommt der Tag, an dem Sie sie wieder hervorholen.

Wir sind überzeugt davon, dass sich die Dinge ändern werden, wenn wir wieder anfangen, über unser Herz zu leben. Wenn wir ihm folgen, dann werden wir dauerhaftes Glück und unsere Bestimmung finden, denn wer sein Herz kennt, der (er-)kennt sich selbst.

Wir wünschen Ihnen viel Vergnügen bei der Lektüre dieses kleinen Buches.

Ihre

Maleh´na und Ka´alaya

Wir sind. Worin?

Liebe Menschen, bevor wir beginnen, möchten wir euch sagen, wie sehr wir uns freuen, dass wir euch diese Botschaften geben dürfen. Es ist uns nicht nur ein Vergnügen, sondern auch ein wichtiges Anliegen.

Wie euch bekannt ist, besteht eure DNA aus einer Doppelhelix. Diese Doppelhelix besteht wiederum aus verschiedenen Strängen bzw. Schichten, die sich wieder in unendlich viele kleine Einheiten aufteilen. Zwischen diesen Einheiten ist Leere, oder das, was ihr als Leere wahrnehmt, und in dieser Leere findet sich noch einmal das ganze Universum, metaphorisch gesprochen. Ihr kennt das auch als „Wie im Großen, so im Kleinen". Zusätzlich sind in der DNA alle Informationen über euch enthalten. Was ihr in euch tragt, projiziert ihr dann von innen nach außen. Ihr könnt euch das vorstellen, als ob ihr in einem Haus sitzt und eine Szene im Fernsehen seht.

Diese Szene spielt sich außerhalb des Hauses ab, in dem ihr sitzt.

Ihr habt euch auf der Erde inkarniert aufgrund der Schwingung, in der ihr gerade in eurer Entwicklungsstufe seid. Allerdings seid ihr nicht an eine bestimmte Schwingung gebunden, sondern ihr könnt euch in Parallelfrequenzen bewegen.

Können das alle Menschen? Einfach so?

Nein, nicht alle von euch können das, obwohl die Möglichkeit natürlich insgesamt allen offen steht. Menschen, die sich noch in sehr niederen Frequenzen bewegen, sind dazu noch nicht in der Lage, da das Bewusstsein der Schwingung noch nicht entwickelt ist.

Jeder Mensch hat eine bestimmte Schwingung, wobei keine besser oder schlechter als eine andere ist. Nichts ist frequenzlos. Nehmt zum Beispiel einen Vogel und eine Fledermaus. Beide sind Wesen, die sich fliegend fortbewegen, deren Tagesablauf und Rhythmus jedoch sehr unterschiedlich sind und dadurch sehr verschieden wahrgenommen werden.

Wenn ihr nun eure Schwingung erhöht, dann könnt ihr euch in den verschiedenen Frequenzen bewegen. Notwendig für die Veränderung der Schwingung ist dabei die Veränderung eurer DNA. Eure Doppelhelix ist in der Lage, sich zu öffnen. Je nach Entwicklungsstand öffnet sich die DNA, um die nächste Dimension aktivieren zu können. Dieser Vorgang ist nicht auf den Menschen beschränkt, sondern betrifft alle Lebewesen. Daher gibt es in dem Sinne auch kein Aussterben, sondern es findet eine Verschiebung der Frequenzen statt. Die meisten Menschen können diese Frequenzen nicht mehr wahrnehmen, aber die Wesen leben in einer Parallelwelt weiter. Und auch, wenn ihr sie nicht sehen könnt, so seid ihr für sie noch immer sichtbar. Das ist keine neue Entwicklung, sondern das war schon immer so und ist Teil der Entwicklung des Universums. Dieser Vorgang der Öffnung der DNA ist für die Frequenzeinheit, in der ihr hier auf der Erde zurzeit noch lebt, selten, aber immer mehr Menschen entwickeln diese Fähigkeit. Die Urvölker der Erde z.B. waren in ihrer Frequenz höher als ihr es jetzt seid.

Warum hat sich das verändert? Warum haben wir uns „zurückentwickelt"?

Das hat mit der universalen Umkehr zu tun. Das bedeutet, dass die Urvölker in einer gewissen hohen Schwingung waren und sich daher in anderen Dimensionen bewegen konnten, aber große Teile dieser Frequenz/dieses Universums waren noch nicht so weit. Daher hat eine Veränderung dahingehend stattgefunden, dass die Frequenz insgesamt erst einmal verringert wurde, um niederfrequente Wesen hier „anzusiedeln" und ihnen die Möglichkeit zu geben, Erfahrungen zu machen, die dieser Frequenz entsprechen.

Die Rede ist immer von Frequenzen und Schwingungen. Was genau bedeutet das und wie viele davon gibt es?

Die Anzahl der Frequenzen bzw. Schwingungen ist unendlich. Es gibt allerdings verschiedene Ebenen/ Dimensionen, auf denen diese vorkommen können, aber insgesamt „nur" 36+2 Ebenen. Jede Ebene/Dimension trägt dabei eine eigene Information, hat eine eigene Qualität. Man kann sich das wie ein Sinfonieorchester vorstellen, dass eine eigene Melodie hat.

In jeder dieser Dimensionen gibt es Universen in unterschiedlichsten Formen und Ausprägungen. Ebene 1 ist zum Beispiel in eurem Verständnis noch sehr dunkel, wenig licht und sehr niederfrequent. Je höher die Schwingung einer Dimension ist, desto lichter wird diese. Wichtig ist dabei, dass es hier keinerlei Wertung über die Qualität der Dimension gibt. Keine ist besser oder schlechter als die andere.

Wovon ist abhängig, in welcher Dimension man sich befindet?

Das Ganze hat mit dem freien Willen zu tun. Die Dimension, in der man sich wiederfindet, wird immer bewusst von den dort lebenden Wesen gewählt, um zum Bespiel noch Themen zu bearbeiten, die noch nicht gelöst sind. Wesen aus höheren Dimensionen sind in der Lage, in den niederen Schwingungen Impulse und Unterstützung anzubieten, um den dort lebenden Wesen zu helfen. Das „Sinfonieorchester" eines jeden einzelnen kann nur dann harmonisch funktionieren, wenn alle Anteile integriert, bzw. alle Erfahrungen, die in einer Dimension gemacht werden können, gemacht worden sind. Das setzt sich auf allen Schwingungsebenen fort.

Müssen wir die einzelnen Dimensionen bzw. Ebenen hintereinander, also linear, durchlaufen?

Nein. Es ist möglich, diese parallel „zu bearbeiten". Die erste bis zwölfte Dimension entspricht dabei den 12 Strängen bzw. Schichten eurer DNA. In diesen Dimensionen könnt ihr euch bewegen. Die 13. Dimension und darüber hinaus sind euch dagegen erst dann zugänglich, wenn ihr die ersten zwölf Dimensionen vollständig gemeistert habt, d.h. wenn das Sinfonieorchester jeder einzelnen Dimension harmonisch erklungen ist. Ultimatives Ziel ist die Bearbeitung aller 36 Ebenen, um dann in die letzten zwei zu kommen, die außerhalb dessen liegen.

Könnt ihr uns verraten, auf welcher Ebene ihr wirkt?

(Lachen) Die Hilfe, die ihr hier von uns bekommt, stammt aus den Ebenen 12-24. Ihr könnt das, bzw. uns, (mit Ausnahmen) nicht sehen, dennoch sind wir immer da und unterstützen euch. Wir sind immer um euch herum, ihr könnt uns nur (noch) nicht wahrnehmen.

Könnt ihr uns noch etwas über die Dimensionen 24-36 sagen?

Ab Ebene 24 ist die Schwingung sehr hoch. Dort befindet sich unser aller Sein, das, was ihr das höhere Selbst nennt. Es handelt sich dabei um andere Bewusstseinszustände, die euch nicht bewusst zugänglich sind.

Dennoch sind Anteile von euch dort und tauschen sich dort auch aus. Ihr seid mehr als nur euer physischer Körper, der ebenfalls aus unterschiedlichen Schwingungen zusammengesetzt ist. Die Schwingungseinheit über eurem Schädel, das ihr Kronenchakra nennt, ist in der Lage, in diese höheren Ebenen ab Ebene 24 einzutreten. Es gibt eine Art Gitternetz, auf das ihr alle Zugriff habt, ob ihr euch dessen nun bewusst seid oder nicht. Damit seid ihr in der Lage, mit allen in den Austausch zu treten. Ihr seid dann auch keine einzelnen Individuen, sondern alle sind in dieser Einheit enthalten. Alles ist mit allem verbunden. Alle eure Wahrnehmungen, Emotionen, Gedanken und Gefühle fließen in dieses Netz. Dieses Gitternetz ist unendlich und dehnt sich immer weiter aus. Für euch ist das bis jetzt noch schwer vorstellbar. Da die Anzahl der Frequenzen unendlich ist, ist auch die Ausdehnung unendlich. Es gibt kein Ende der Erfahrung. Alles ist vernetzt. Das Ganze bewegt sich unendlich spiralförmig nach oben.

Was passiert im „+2"?

Das ist der Zustand, wo alles miteinander verschmilzt. Das Lichtnetz ist hier verschmolzen, alles ist nur noch Licht und alles ist eins. Es gibt keinerlei Abgrenzungen. Ihr Menschen versteht das als das Göttliche, als das Alles-was-ist, das All-Eine. Aus diesem All-Einen fließt wieder Energie zurück in alle Dimensionen bis nach unten. Dadurch findet immer wieder eine Weiterentwicklung und Ausdehnung statt.

Im Moment hat ein großer Sprung stattgefunden, mit dem noch nicht gerechnet worden war. Aufgrund dessen ist gerade viel in Bewegung und große Eile geboten. Diese sprunghafte Ausdehnung in eurer Dimension hat für eine Verschiebung von vielen Frequenzebenen gesorgt. Diese haben dadurch eine Ausdehnung erfahren, die so groß ist, dass wie eine Art Zwischenfrequenz eingeschoben werden musste, damit das Ganze nicht zurückfällt.

Was würde denn dann passieren?

Ihr könnt euch das vorstellen wie einen Trichter, der alles einsaugt und es an anderer Stelle wieder rauslässt. Nur dass das Eingesaugte dann zersetzt wäre und alles neu aufgebaut werden müsste mit dem Problem, dass es nicht mehr so aufgebaut werden könnte, wie es vorher war.

Was hat den Sprung verursacht? Können wir etwas tun?

Der Sprung war erwartet worden, aber eben noch nicht so schnell. Das ist wie in der Schule, wo ein Schüler mit eher schwachen Leistungen plötzlich eine Eins schreibt.

Ihr könnt den Prozess unterstützen, in dem ihr euch auf das Licht zwischen euren Augen konzentriert und mehr Aufmerksamkeit auf euer Herz richtet.

Was können wir tun, um unsere persönliche Schwingung zu erhöhen?

Die verschiedenen Schwingungsebenen existieren sowohl in eurem Inneren als auch im Außen. Um euch auf höhere Dimensionen einzuschwingen, müsst ihr euch selbst aktivieren. Das geschieht, in dem ihr euch an das Göttliche in euch erinnert, an das Licht und die Liebe, an das All-Eine, aus dem ihr stammt. Euer inneres Erwachen ermöglicht den Aufstieg. Je mehr ihr euch daran erinnert, desto mehr Frequenzen und damit letztendlich auch Dimensionen könnt ihr aktivieren. Wie wir schon sagten, dienen die verschiedenen Dimensionen dazu, in den verschiedenen Ebenen verschiedene Erfahrungen zu machen. Jede Dimension hat eine eigene Qualität, die unterschiedliche Erfahrungen ermöglicht. Diese müssen erfahren und gelebt werden, um jeden einzelnen Strang eurer DNA zu aktivieren, da jeder Strang eine eigene Schwingungsebene hat. Wenn eine Schwingungsebene aktiviert und erfahren wurde, dann kann die nächste aktiviert werden. Ihr entscheidet mit eurem freien Willen, ob ihr das wollt. Alles ist in euch!

Wie können wir die verschiedenen Ebenen aktivieren?

Das liegt einzig und allein in eurer Absicht. Das Ganze kann auch parallel geschehen. Aber ihr könnt keine Ebene auslassen. Auch wenn es euch gelingt, z.b. schon die achte Ebene zu aktivieren, müsst ihr dennoch auch noch die fünfte aktivieren, falls ihr das noch nicht getan habt, da ansonsten das Orchester nicht vollständig ist. Bitte seid euch auch darüber im Klaren, dass das nichts ist, was über Nacht geschieht. Diese Vorgänge benötigen Zeit.

Wie können wir zum All-Einen gelangen?

Auch das liegt einzig und allein in eurer Entscheidung. Ihr entscheidet, welchen Weg ihr gehen wollt. Im Allen-was-ist seid ihr Energieeinheiten, die ihr als Seelen bezeichnet, die sich für ihren Weg entscheiden. Es gibt dabei mannigfaltige Möglichkeiten. Es kann an Verknüpfungen liegen, die ihr mit anderen Wesen habt, z.B. jemanden begleiten bei der Frequenz-aktivierung (sprich, mit jemandem gemein-

sam inkarnieren), oder jemanden unterstützen, so wie wir es jetzt tun. Man kann
auch einfach im Licht, im All-Einen, bleiben.
Nicht alle gehen immer wieder zurück. Man
kann z.B. auch einen Teil seiner eigenen
Energieeinheit im Licht lassen und nur einen
Teil zurückschicken.

*Werden neue Energieeinheiten (Seelen)
geschaffen?*

Ja, die Anzahl ist ebenfalls ausdehnend. Es
gibt so viel Raum, so viele Universen, die
noch gefüllt werden können, daher gibt es
natürlich auch immer neue Wesenheiten.
Wie das Ganze geschehen wird und sich
entwickelt, ist dabei ganz offen.

*Was ist mit den Seelen auf der Erde?
Warum sind wir hier zurzeit so viele?*

Zurzeit sind viele Energieeinheiten, die ihr
Menschen nennt, hier inkarniert. Es gibt fast
so etwas wie einen kleinen Stau. Das liegt
daran, dass viele Menschen noch nicht ihre
Frequenz geöffnet bzw. ihre Schwingung
erhöht haben, um „weiterzugehen". Sobald

diese Öffnung geschehen ist, wird sich die Situation auf der Erde wieder entspannen. Auf anderen Planeten und in anderen Universen und Dimensionen passiert gleichsam viel.

Warum wir glauben

Viele Menschen spüren, dass es noch mehr geben muss als nur diese eine Existenz auf Erden und machen sich auf die Suche nach dem tieferen Sinn des Lebens, nach Gott, dem Schöpfer oder wie auch immer wir es nennen mögen. Warum ist das so?

Das Wissen darüber ist unauslöschlich in euch verankert. Es ist in eurer DNA gespeichert, dass ihr Teil des All-Einen, des Göttlichen, der Schöpferenergie, seid. Es gibt kein Wesen in eurer Frequenz, dass dieses Wissen nicht in sich trägt.

Warum ist es uns dann so wenig bewusst?

Es ist nicht so, dass euch dieses Wissen nicht bewusst ist. Eure Kinder zum Beispiel, wenn sie noch sehr klein sind, spüren diese Verbundenheit noch sehr deutlich. Später legt sich wie eine Art Löschblatt über diese Erinnerung. Dadurch befindet ihr euch außerhalb der Erfahrung des Eins-Seins und könnt die Perspektive wechseln. Erst mit der veränderten Perspektive des Getrennt-Seins seid ihr in der Lage, später wieder in den vollen Genuss des Verbunden-Seins zu kommen.

Die Quelle allen Seins

Ihr habt uns das Bild einer Lotusblüte gezeigt, die von einem pulsierenden, hellweißen Licht ist. Unendliche Liebe und unendlicher Frieden gehen von ihr aus und sie war so schön, dass Ka'alaya kaum den Blick abwenden konnte. Was hat es mit diesem Bild auf sich?

Dieses Bild haben schon die alten Meister eures Planeten gesehen, wenn sie sich mit der göttlichen Quelle, der Schöpferenergie, verbunden hatten. Die Energie dieser Quelle, die ihr auch Gott nennt, durchdringt alles und jeden im Universum und steht allen zur Verfügung. Man muss nicht „auserwählt" sein, um daraus zu schöpfen. Die Entscheidung, ob ihr euch mit diesem göttlichen Quell verbinden wollt und wie tief ihr darin eintauchen wollt, liegt einzig und allein bei euch.

Warum ist es eine Lotusblüte? Und wie können wir am besten daraus schöpfen?

Die Lotusblüte hat, ebenso wie z.B. die Blume des Lebens, eine bestimmte Struktur, der wiederum eine bestimmte Schwingung zugrunde liegt. Jeder, wirklich jeder, hat Zugang zu dieser Quelle und darf daraus schöpfen, obwohl es nicht wirklich ein Schöpfen ist, da es einfach da ist. Es ist die Energie, die alles trägt, die alles durchdringt, die am Ende die Schwingungen aller Galaxien und Universen erhöht. Je höher man selber schon in der Schwingung ist, desto leichter und heller ist man angebunden und mit der Quelle verbunden. Bei euch herrscht immer noch das Gefühl (und es ist wirklich nur das Gefühl, die Vorstellung) als würde eine Wand davor stehen, als wäre es sehr anstrengend, sich mit der Quelle zu verbinden. Aber es ist keine Anstrengung. Es ist eher wie ein in sich hineinschauen. Ihr müsst nur den Blick in euch hineinwenden. Je mehr man im Außen abgelenkt ist, umso weniger Zugang hat man zur Quelle. Der Zugang zur Quelle wurde euch bereits von allen spirituellen Traditionen aufgezeigt. Denkt an das Gebet, die Meditation, spirituelle Tänze und

Gesänge. All das hilft euch dabei, euch mit der Quelle zu verbinden.

Das hört sich sehr einfach an.

Im Grunde genommen ist alles sehr einfach. Die Komplexität, die Hürden und Täler, die Schwierigkeiten insgesamt, sind von euch erschaffen worden. Sie dienen aber auch dazu, um euch daran zu reiben, um euch zu entwickeln, um euch zu prüfen, um euch zu *fühlen*. Das ist auch notwendig und wichtig, auch wenn es euch vorkommt, als würde es die Energie ausbremsen. Am Ende wird dadurch die Energie aber noch einmal potenziert, wenn sie letztendlich frei wird. Sie hat dadurch noch einmal eine ganz andere Qualität.

Es ist wirklich alles ganz simpel und leicht. Es gibt nur eine einfache Wahrheit und das ist „Licht und Liebe". Alles drum herum wurde geschaffen, um euch erfahren zu können. Das ist ja das Schöne! Das ist das Ausdehnende, worüber wir schon einmal gesprochen haben.

Warum dehnt sich die Quelle weiterhin aus?

Auch das Göttliche möchte sich immer wieder neu erfahren. Dazu ist es notwendig, sich zu dehnen und auszuweiten, um Neues durchdringen zu können. Darum gibt es diese vielen Dimensionen, Erfahrungen etc. Das alles geschieht in vollster Liebe. Alles ist eins und es ist nie zu Ende!

Wir sind nicht allein

Wie ihr wisst, besteht sämtliche Materie aus Atomen. Der Raum dazwischen ist für euch nicht sichtbar, aber diese Zwischenräume sind gefüllt. Gefüllt mit allem, was um euch ist, mit allen und allem, mit dem ihr verbunden seid. Ihr könnt euch das vorstellen wie mit eurer Erde: Ihr habt den Eindruck, dass ihr durch Kontinente getrennt seid. Das Wasser, was euch anscheinend trennt, ist aber das, was euch direkt verbindet, auch wenn ihr das Kleinste im Wasser nicht seht. Ihr seid ständig in der Verbundenheit. Wenn man das Wasser wegnehmen würde, ist die Erde dennoch verbunden. Das gesamte Universum ist gefüllt, es gibt kein NICHTS. Alles ist gefüllt mit verschiedenen Elementen und Energien. Es gibt dabei einen Hauptträger, der, wie im Beispiel des Meeres, in sich verschiedene Elemente, Tiere etc. trägt. Genauso ist es in eurem Körper. Ihr habt in euch verschiedene Größen von Zellen und Atomen etc. In dem Fall ist auch das Wasser in eurem Körper der Träger. Der Ursprungsträger aber geht durch alle Dimensionen und Frequenzen als Konstante hindurch, er ändert sich nie und ist immer mit der Urquelle, dem Göttlichen, verbunden. Der Unterschied besteht allein in der „Einfärbung". Das bedeutet, die Urträgersubstanz verändert sich dahingehend, dass sie die unterschiedlichen Dimensionen tragen und (er-)halten kann. Sie ist die Schöpferkraft, mit der Universen erschaffen und neue Frequenzen ausgelöst werden können oder alles, was ist, umgedreht werden kann.

Schade, dass wir sie nicht sehen können…

Es wird auch für die Menschheit irgendwann sichtbar werden. Die Menschen erklären es bisher als Polarlichter oder Nebel. Das heißt nicht, dass Polarlichter oder Nebel die Trägersubstanz sind! In Wirklichkeit handelt es sich dabei aber um einen Ausdruck des Trägers, der sich nur in eurer derzeitigen Frequenz so darstellt.

Könnt ihr uns diese Trägersubstanz noch ein wenig genauer erklären?

Die Trägersubstanz verbirgt schon in ihrem Wort, dass sie nicht nur durchdringt, sondern auch etwas trägt. Es handelt sich dabei um Informationen. Diese Informationen können in allen Frequenzen abgerufen werden, aber es gibt dabei auch so etwas wie Schlummerinstanzen, d.h. nicht in jeder Frequenz hat man Zugriff auf sämtliche Informationen. „Erwachte" Menschen, von euch auch als Heilige bezeichnet, können diese Informationen sehr wohl lesen und nutzen. Sie wissen, wie man Zugang dazu hat und vollbringen dann das, was in euren Augen „Wunder" sind.

Das bedeutet, Menschen wie Jesus hatten ganz einfach Zugang zu dieser Quelle und konnten daher das tun, was wir als Wunder bezeichnen?

Es gab schon immer Menschen auf der Erde, die diese Quelle nutzen konnten. Jesus ist einer der bekanntesten von ihnen. Diejenigen, die direkten Zugang zu dieser

Informationsquelle haben, können damit alles erschaffen. Sie können heilen, Wunder wirken, alles, was für euch noch besonders ist. Und es werden immer mehr Menschen auf der Erde, die sich dieser Quelle bewusst werden. Immer mehr Lichter gehen in dieser Hinsicht auf der Erde an. Ihr werdet keinen Zugang zu allen Informationen haben die es gibt, aber ihr werdet immer mehr damit verbunden sein und sie nutzen können. Diese, sich des Trägers bewusste Seelen, sind wichtig, um die Schwingung der Erde nach und nach zu erhöhen.

Kann eine Frequenz über alle Informationen verfügen?

Nein, niemand hat den kompletten Zugriff. In den unterschiedlichen Frequenzen und Dimensionen werden jeweils verschiedene Möglichkeiten bereitgestellt. Wie bereits erwähnt, handelt es sich hierbei um das Bewusstsein, das, was ihr „göttlich" nennt. Es ist das unpersonifizerte Göttliche. Niemand im ganzen Universum kann dieses Bewusstsein nutzen, da kein Wesen die dahinterstehende Energie aushalten könnte. Nur das Bewusstsein selber kann sich entfalten und das Wissen bereitstellen.

Danke für diese wundervollen Bilder und Informationen. Aber wir hatten beim Titel dieses Kapitels eher gedacht, dass ihr uns etwas über Außerirdische erzählen werdet…

(Lachen) Wir möchten an dieser Stelle nur kurz darauf eingehen, obwohl wir wissen, dass das ein sehr beliebtes Thema bei den Menschen ist.

Ihr seid von vielen Wesen umgeben, die ihr jedoch nicht wahrnehmt, weil die meisten Menschen sich eine Art Filter gesetzt haben. Diese Wesen sind um euch herum, zwischen euch und bewegen sich unter euch. Denkt an die Erzählungen von Elfen, Feen, Gnomen etc. Es gibt sie alle! Ihr begegnet diesen Wesen, die durchaus auch von anderen Planeten sein können, aber ihr nehmt sie ganz einfach nicht wahr. Der überwiegende Teil der Menschen hat einfach noch zu wenige Frequenzen geöffnet, um sie zu erkennen.

Warum haben wir einen Filter gesetzt? Es wäre doch schön, diese Wesen zu sehen.

Dieser Filter dient eurem eigenen Schutz. Wenn ihr alles sehen könntet, was um euch herum ist, ohne es einordnen zu können, dann wäre das ganz einfach zu viel für euch. Ihr wärt überfordert. Ganz abgesehen davon, dass ihr Probleme mit euren Psychologen bekommen würdet... Aber denkt an die Kinder. Viele von ihnen haben noch einen Zugang zu dieser Welt, spielen und reden mit Feen und Elfen oder fürchten sich vor Monstern. Für die Erwachsenen haben diese Kinder oft nur eine blühende Phantasie.

Der Zugang zu dieser Welt wird sich in Zukunft aber auch für die Erwachsenen wieder ändern, allerdings noch nicht in der näheren Zukunft. Die Entscheidung darüber, ob ihr etwas „Außersinnliches" wahrnehmen wollt, liegt übrigens bei euch. Ihr müsst dazu nur euer drittes Auge reaktivieren.

Das ist jetzt vielleicht eine eigenartige Frage, aber wie steht es denn mit der Privatsphäre, wenn wir ständig von anderen Wesen umgeben sind?

Niemand hat das Recht, die Privatsphäre eines anderen zu verletzen. Allein durch das Bekunden eures Wunsches wird dies gewährleistet.

Gilt das auch für Geister und Seelen, die andere aufsuchen?

Diese Geister und Seelen nehmen sich den Raum, der vorher nicht eindeutig benannt wurde. Es wurde vorher nicht klar ihnen gegenüber kommuniziert. Es ist von ihnen nicht böse oder übergriffig gemeint.

Wie können wir denn die anderen, also die von anderen Planeten, erkennen?

Schaut genau hin.

Wie steht es um diese Geschichten, in der angeblich außerirdische Wesen die Welt beherrschen?

Nicht nur die Menschen haben ihre Ränke und Spiele in der Dualität. Auch andere sind bestrebt, sich weiterzuentwickeln.

Die Erde ist ein sehr beliebter und daher hochfrequentierter Planet, auf dem es viele Portale gibt, durch die andere Wesen zu euch gelangen. Es gibt nicht viele Planeten, auf denen ein so großer Austausch stattfindet. Dass dabei nicht nur „die Guten" herkommen, sollte selbstverständlich sein. Jeder hat seine eigene Agenda. Das gehört einfach dazu. Es ist aber nichts wirklich Bedrohliches. Sie haben nicht mehr Macht als die Menschen. Ja, sie können mit Hilfe mentaler Techniken Menschen manipulieren, aber das ist nur so lange möglich, wie ein Mensch es zulässt. Sobald ihr euch dagegen entscheidet, haben sie keine Macht mehr über euch. Es gehört ganz einfach zum Spiel. Das Bewusstwerden dessen gehört zum Plan!

Aus gegebenem Anlass ... Zu welcher Spezies gehört eigentlich Donald Trump?

(Schallendes Lachen) Das, was er auslöst, ist das Beste, was der Welt in Hinblick auf Erwachen und Erleuchtung passieren kann!

Aktuelle Veränderungen im Energiefeld der Erde

Euch ist dieses Thema sehr wichtig. Was genau wollt ihr uns dazu mitteilen?

Das gesamte Universum besteht aus unendlich vielen Energiefeldern, die auf unterschiedlichste Weise miteinander verknüpft sind. Zurzeit findet eine Veränderung statt, die so von den Hütern und Lehrern und Meistern nicht vorhergesehen war. Das gesamte Universum ist dabei, aufzusteigen. Die Welt, wie ihr sie kennt und wahrnehmt, wird verblassen.

Wie können wir uns das vorstellen?

Stellt euch einen geflochtenen Zopf vor. Er ist mit den unterschiedlichen Strängen nach einem bestimmten Muster geordnet. Jetzt werden neue Stränge in den Zopf eingeflochten, die das Muster komplett verändern werden. Es kommen ganz neue Informationen hinzu, es ist wie die Geburt von etwas ganz Neuem. Diese Veränderungen finden nicht nur in eurer Galaxie statt, sondern das gesamte Universum ist davon betroffen. Es ist wie ein neuer Urknall, der das Universum neu ordnet.

Diese Veränderungen kamen sehr überraschend und waren von den Hütern des Universums in der Form (noch) nicht erwartet worden. Es ist, als ob ihr eine ganze Dimension übersprungen habt. Ursprünglich sollte der Übergang in die fünfte Dimension stattfinden, doch auf einmal seid ihr dabei, einen kompletten Frequenzwechsel in die sechste Dimension zu vollziehen.

Jetzt sind wir verwirrt. Hieß es nicht immer, der Übergang findet von der vierten in die fünfte Dimension statt? Jetzt ist es auf einmal die sechste.

Es stimmt, die Zählung kann in der Tat immer etwas verwirrend sein. Sie ist davon abhängig, wo man beginnt. Sagen wir, es gibt eine Ebene null, dann wird diese von einigen schon mitgezählt, andere beginnen erst mit der nächsthöheren Ebene. Es ist wichtig, dass ihr an diesen Zahlen nicht zu sehr festhaltet. Die Linearität, in der ihr auf der Erde lebt, erschwert das Verständnis der Multidimensionalität. Im multidimensionalen Raum haben die Dimensionen keine Nummerierung, sondern sie sind einfach.

In Ordnung. Woher kam der zuvor von euch angesprochene Dimensionssprung?

Die Erfahrungen, Ereignisse und das Wissen potenzieren sich. Die Entwicklungen werden dadurch immer schneller. Erinnert euch, diese Entwicklungen verlaufen nicht linear, sondern auch multidimensional.

Wodurch zeichnet sich diese sechste Dimension aus?

Es ist eine Dimension der tiefen Liebe und Verbundenheit. Die Liebe, um die es hier geht, ist eine Liebe, wie ihr sie euch noch gar nicht vorstellen könnt. Sie hat nichts mit euren herkömmlichen Vorstellungen davon zu tun. Alte Muster und Ängste haben hier keine Möglichkeit zu existieren.

Es geht in dieser Dimension auch darum, die Form des Lichts zu leben, das Licht zu manifestieren. Alles besteht aus Licht, alles kann daraus geschaffen werden und jeder kann es nutzen. Die Entscheidung aber, ob ihr dort bleiben wollt, liegt einzig und allein bei euch! Der freie Wille bleibt euch erhalten. Es wird Menschen geben, die noch nicht bereit sind für diese Art des Lebens. Ihnen steht natürlich die Möglichkeit offen, in eine niedrigere Frequenz zurückzukehren.

Die Rückkehr in eine niedrigere Frequenz ist in diesem Fall noch möglich. Erst wenn die 8.-10. Dimension erreicht sind, dann ist eine Rückkehr in niedere Frequenzen nicht mehr möglich.

Aber zu Beginn sagtet ihr doch, dass wir zwischen den einzelnen Dimensionen hin- und herwechseln können. Wie passt das zusammen?

Das hängt mit den aktuellen Veränderungen im Energiefeld der Erde zusammen. Wenn wir noch einmal das Bild von dem Zopf nehmen: Die neuen Stränge, die gerade dazu kommen, machen es nicht mehr möglich, in niedere Frequenzen zurück zu gehen. Es findet eine komplette Anhebung statt. Es geht hier also nicht um ein Verbot, dass euch auferlegt wird, es ist schlichtweg einfach nicht mehr möglich.

Warum?

Die zurzeit stattfindenden Veränderungen sorgen dafür, dass die niederen Frequenzen komplett abgebaut werden. Das Licht der höherschwingenden Universen leuchtet immer mehr in die noch dunkleren Universen hinein. Ihr könnt euch das so vorstellen, als ob nach und nach überall das Licht angemacht würde. Dadurch wird der komplette Aufstieg des Universums möglich. Es gibt dann einfach keine „dunklen" Universen mehr, wo man noch hinkönnte.

Aber wo kann man denn dann hingehen, wenn einem die sechste Dimension nicht gefällt...?

Es gibt natürlich noch Welten, die nicht in der sechsten Dimension oder höher sind, sondern erst in der dritten oder vierten. Es wird aber eben nicht mehr die Erde sein. Menschen, die noch alte Muster ausleben wollen, werden dann auf anderen Welten inkarnieren.

Können wir uns auf den Übergang in irgendeiner Art und Weise vorbereiten?

Die Vorbereitungen laufen bereits in allen Bereichen, überall aktivieren sich die Menschen. Der Hauptaktivierungspunkt läuft dabei über das Herz. Wer im Herzpunkt verankert ist, ist in der Liebe und dem Vertrauen, dass alles, was geschieht, aus einem Grund geschieht und dass er sich vor nichts fürchten muss. Wer in der Lage ist, sein Herz zu öffnen, schafft eine Direktschwingung zur neuen Ebene. Es ist nicht mehr wichtig, Rituale o.ä. abzuhalten, sondern es geht darum, die Schwingung des

Herzens nach und nach zu erhöhen und immer feiner werden zu lassen. Ihr müsst vor der Veränderung keine Angst haben. Es wird wie ein leichter Windhauch sein, der euch in die nächste Dimension trägt. Alte Ängste und Muster werden ganz einfach und natürlich aufgelöst.

Wie steht es mit der Polverschiebung, welche angeblich mit dem Übergang in eine neue Dimension einhergehen soll? Könnt ihr dazu etwas sagen? Müssen wir dazu etwas wissen?

Es stimmt, eine Polverschiebung steht bevor. Dabei wird es zwei Möglichkeiten geben, wie diese Verschiebung wahrgenommen wird. Menschen, die bereits fest im Herzen verankert sind, werden den Übergang schon vollzogen haben und nicht weiter von der Verschiebung beeinflusst werden. Für diejenigen jedoch, die noch nicht im Herzen sind, ist die Verschiebung dahingehend notwendig, dass alte Ängste noch aufgelöst werden können. Die Aktivierungen sind bereits über den Urkraftplätzen der Erde sichtbar.

Müssen wir sterben, um diesen Übergang zu erleben?

Nein, es geht nicht um das körperliche Sterben. Es wird sein, als ob ihr durch einen Nebel geht und danach komplett neu herauskommt. Oder stell dir vor, du gehst schlafen und wachst am nächsten Morgen in einer komplett neuen Welt auf. Und das Schöne ist: Ihr werdet nichts aus eurer alten Welt vermissen.

Könnt ihr uns ein Zeitfenster geben, wann das alles geschehen wird?

(Lachen) Das alles geschieht JETZT.

Der Einfluss der Sonne

Die Sonne ist nicht nur ein Stern, um den sich eure Erde dreht, sie sendet auch ständig Impulse zu euch. Sie ist ein Transformator, durch den die Dimensionsumwandlungen stattfinden können. Sie ist wie ein Tor, sie ist der Schlüssel zur Frequenzerhöhung.

Könnt ihr das bitte noch etwas genauer erklären?

Die Energie der Sonne, die ihr wahrnehmen könnt, ist nur an der oberen Schicht vorhanden. In der inneren Schicht hingegen gibt es ein Portal, in dem Energieumwandlungen stattfinden. Diese Umwandlungen sind so massiv, dass sie die euch bekannte Sonnenenergie entstehen lassen.

Die Sonne an sich hat nicht nur die Funktion der Wärme und des Lichts. Ihre eigentliche Funktion ist die Transformation der Energie bei Frequenzänderungen oder Dimensionswechseln. Auch interdimensional Reisende nutzen die Energie der Sonne. Der dabei entstehende Ausstoß ist dann die euch zur Verfügung stehende Energie und das Licht. Die Sonne ist also nicht nur ein runder Ball mit Wärme, sondern die Wärme ist sozusagen ein Abfallprodukt ihrer ursprünglichen Aufgabe der Transformation. Wie ihr wisst, ist Wärme Energie, die aus Reibung entsteht. Die Reibungsenergie wird dabei in ihre einzelnen Teile gespeist, um dann umgewandelt zu werden, so dass diese eingebrachte Energie neu zur Verfügung steht.

Hat die Sonne auch ein Bewusstsein? Weiß sie, was zu tun ist? Und welcher Art sind die Impulse, von denen ihr gesprochen habt?

Alles hat ein eigenes Bewusstsein, welches in ein kollektives Bewusstsein eingebettet ist. Daher weiß auch die Sonne um sich und ihre Funktion. Die Impulse, von denen wir sprachen, dienen zum einen der Stabilisierung der Frequenzen und geben Energie für Frequenzerhöhungen, zum anderen stellt die Sonne auch Energie für die menschliche Transformation zur Verfügung

In allen Universen, also auch eurem, gibt es verschiedene Portale. Eure Sonne ist eines von vielen Portalen in eurer Galaxie, die die bevorstehende Frequenzerhöhung und den Dimensionssprung unterstützen.

Weiterhin muss alles, was „von außen" kommt, also aus anderen Universen und Galaxien zu euch möchte, das Portal der Sonne nutzen. Das Gleiche gilt natürlich auch für den entgegengesetzten Weg. Wollt ihr interdimensional reisen, so führt euch euer Weg ebenfalls über die Sonne.

Haben alle Sonnen diese Aufgabe?

Es gibt verschiedene Portale, die unterschiedliche Aufgaben haben. In eurer Galaxie ist eure Sonne als Portal für Dimensionssprünge zuständig.

Neben der Sonne gibt es aber auch noch andere Portale, z.B. schwarze Löcher. Schwarze Löcher haben jedoch eine andere

Energieform, sie zersetzen/ verwandeln die Energie anders.

Für die verschiedenen Portalformen gibt es jeweils unterschiedliche Zu- und Ausgänge. Stellt euch ein großes Gebäude vor, mit vielen Türen. Jede Tür führt in einen bestimmten Raum. Bei kleineren Portalen, wie z.B. Sirius, Jupiter, Pluto, Andromeda oder aber auch bei den Portalen, die es bei euch auf der Erde gibt, kann man immer nur in einen bestimmten Raum des Hauses gehen. Man weiß also, was hinter der Tür zu erwarten ist. Wenn man die Tür/ das Portal der Sonne benutzt, dann kommt man hingegen in eine völlig neue Welt. Durch das Sonnenportal kann die meiste Energie hindurchgehen, was es zu einem sehr großen Portal macht.

Ihr sagt, es gibt sogar kleinere Portale hier auf der Erde?

Ja, es gibt sogar sehr viele davon bei euch. Das Wissen darüber ist auch nicht neu. Die Eingeweihten eures Planeten wussten schon immer, dass ihr euch über die Sonne mit anderen verbinden und reisen könnt. Damit wurde schon immer gearbeitet.

Auf der Erde gibt es drei Plätze, die direkt zugänglich sind, um das Portal zur Sonne zu aktivieren, ein vierter Platz ist sehr gut versteckt. Diese Portale auf der Erde sind zusätzlich auch Direktportale zu anderen Planeten in eurer Galaxie und anderen Galaxien.

Wir haben einmal gehört, dass unsere Sonne in Verbindung zur Zentralsonne unseres Universums steht, und durch diese Verbindung als Transformator fungiert. Was hat es damit auf sich?

Ja, wir formulieren das nur anders. Alle Sonnen sind Transformatoren und sorgen dafür, dass sich die Frequenzen verändern können. Nicht alles verändert sich jedoch immer auf der gleichen Ebene und gleichen Frequenz, sondern es gibt ja verschiedene Ebenen und Frequenzen.

Wenn du z.B. auf der Ebene 10 bist und dein Nachbar auf der 2, dann werdet ihr nicht zusammen durch die gleiche Sonne in die nächste gleiche Frequenz gehen, sondern ihr geht durch verschiedene Sonnen in verschiedene Frequenzen. Die Sonne dient dabei als Portal für die Transformation.

Wie wir schon sagten, sind die Sonnen die ganz großen Portale, die der Umwandlung der Frequenzen und dem interdimensionalen Reisen dienen. Durch die dadurch entstehende Reibung entstehen die für euch fühlbare Wärme und das Licht. Das ist aber gar nicht die ursprüngliche Aufgabe der Sonne, ihre Grundaufgabe ist der Durchlauf, die Umwandlung der Frequenzen. Wärme und Licht sind nur ein Nebeneffekt der vielen Energie.

Aber wir benötigen doch die Wärme und das Licht, um hier leben zu können!

Das hat sich so nebenbei entwickelt, wenn wir das so sagen dürfen. Andere Planeten haben auch Leben, die benötigen das nicht. Es ist einfach ein schönes Nebenprodukt.

Die Sonne, wie sie sich euch jetzt darstellt, sieht auf anderen Ebenen ganz anders aus. Sie hat dann eine ganz andere Energie, und es geht dann auch nicht mehr um den physischen Aspekt der Wärme. Sie hat dann eine andere Farbe und Strahlung. Für die jetzige Frequenz, in der sich euer Planet befindet, sind die ausgestrahlten Energien der Sonne wichtig, um dieses Leben, wie ihr es jetzt kennt, produziert haben zu können. Dadurch wurden die Erfahrungsebenen der Dualität geschaffen, mit all ihren Möglichkeiten des Wachstums. Auf anderen Ebenen hat die Sonne diese Funktion nicht mehr. Sie strahlt auf anderen Energieebenen ganz anders und gibt auch ganz andere Impulse.

Die Sonnen sind, ebenso wie die Steine, statisch. Sie tragen immer die gleiche Information und ändern ihre Schwingung nicht. Sie stellen sich in den unterschiedlichen Ebenen nur anders da.

Nehmt zum Beispiel eine Blume. Eine Blume in der hiesigen Frequenz nehmt ihr als Form, Farbe und Geruch wahr, auf einer höheren Ebene würdet ihr sie hingegen energetisch wahrnehmen, in ihrer reinsten Energieform. Das Erleben auf der Erde ist noch sehr plastisch und stark auf die Optik reduziert.

Gibt es eine Verbindung zwischen den einzelnen Sonnen oder agieren sie getrennt voneinander?

Die Sonnenportale sind miteinander verbunden, manche jedoch nicht direkt. Das ist abhängig von ihrer Schwingung und Dichte. Könnte man in jedes Sonnenportal direkt reingehen, dann würde das zu einem energetischen Kollaps führen für diejenigen, die in ihrer Frequenz selbst noch nicht hoch genug sind. Nur sehr hochschwingende Wesen können alle Portale direkt benutzen. Das ist ähnlich wie bei euch Menschen. Eure Schwingung erhöht sich auch schrittweise, ihr bekommt nicht alle Informationen auf einmal, weil euer grobstofflicher Körper das nicht verkraften würde. Ihr könnt nicht von heute auf morgen „erleuchtet" sein, sondern euer Körper, eure Zellen brauchen

Zeit, um sich den Veränderungen anzupassen.

Der steigende Durchlauf der Frequenzen führt dazu, dass die Sonne sich immer weiter ausdehnt. Irgendwann, wenn ALLE in der Frequenzerhöhung sind und diese Ebene nicht mehr benötigt wird, dann wird sich die Sonne so ausweiten, dass die ganze Galaxie in die nächste Dimension eintritt. Bisher geschieht dies, wie bereits dargestellt, immer nur punktweise. Das wird aber erst in ferner Zukunft geschehen, und mit keinem Massensterben, wie ihr euch das vielleicht vorstellt, verbunden sein.

Mutter Erde spricht

Es ist wichtig zu verstehen, dass Gaia, oder Mutter Erde, wie ihr sie auch nennt, ein eigenständiges Bewusstsein hat. Sie ist keine im Weltraum treibende Steinkugel, auf der sich zufällig Leben entwickelt hat. Alles, was hier geschieht, folgt einem höheren Plan. Alles, was ihr seht, alles, was sie euch zur Verfügung stellt, dient dazu, eure eigene Schwingung zu erhöhen.

Bitte versteht uns nicht falsch. Das soll in keiner Weise heißen, dass ihr Mutter Erde rücksichtslos behandeln sollt. Folgt weiter eurem Herzen, um die Welt zu verbessern und Mutter Erde zu schützen. Die dabei ablaufenden Prozesse sind wichtig. Sie dienen dem Anstieg der Liebe und damit der Erhöhung der Schwingung, nicht nur eurer eigenen, sondern auch der kollektiven. Es geht um die gegenseitigen Erfahrungen und das Erleben der Dualität. Ihr habt als Seelen Verabredungen für bestimmte Erfahrungen getroffen, darum

seid ihr hier! Darum stellt euch Mutter Erde
ihren Körper zur Verfügung.

*Könnt ihr das noch einmal ein bisschen
genauer erklären?*

Auf eurem Planeten begegnen sich viele
verschiedene Frequenzstufen. Ihr seid hier,
um gemeinsam in die nächsthöhere
Frequenz zu kommen. Was ihr als grausam
erfahrt, was Menschen mit der Natur und
der Umwelt anrichten, stößt andere
Menschen an, in ihre Themen und ihre
vollständige Liebe zu gehen. Das wiederum
stößt wieder diejenigen an, die die
Grausamkeiten begehen. Alles was ihr
erlebt, die Grausamkeit, aber auch die
Versöhnung, die Liebe und noch vieles
mehr, sind Teil der Erfahrung!

Mutter Erde sagt ganz liebevoll, dass es so
geplant ist. Wäre es nicht so im System,
dann hätte sie schon lange dafür gesorgt,
dass die Menschen vernichtet werden. Das
ist aber nicht das Ansinnen, sondern das Ziel
ist euer Aufstieg, eure Frequenzerhöhung.

Dafür stellt sie euch diese Welt zu Verfügung.

Und um es noch einmal deutlich zu machen: Mutter Erde liebt euch. Ihr seid ihre Kinder. Das gibt euch aber nicht das Recht, sie weiterhin rücksichtslos auszubeuten, sondern sollte euch ermahnen, ihr die Liebe, die sie euch gibt, zurückzugeben.

Danke, wir werden es uns zu Herzen nehmen. Gibt es noch andere Welten wie unsere?

Es gibt noch viele verschiedene Welten, dort werden jedoch ganz andere Themen bearbeitet. So kann es zum Beispiel sein, dass die Dualität keine Rolle mehr spielt oder dass das Spektrum an Emotionen, dass den Bewohnern zur Verfügung steht, viel eingeschränkter ist als bei euch.

Welche Rollen spielen die Tiere und Pflanzen auf unserem Planeten?

Auch die Tiere und Pflanzen stellen sich diesem Prozess des Aufstiegs zur Verfügung. Mutter Erde weiß um die tiefe Trauer, die der schonungslose Umgang mit eurer Umwelt in vielen von euch auslöst. Aber es ist wichtig, um gelebt zu werden. Alles soll in dieser Frequenz gelebt und erlebt werden. Ohne diese Erfahrungen könnt ihr die Frequenz nicht erhöhen.

Wie wir schon in Kapitel 1 erklärten, gibt es sprunghafte Frequenzerhöhungen und dichter aneinander liegende Erhöhungen. Zurzeit seid ihr in einem kompletten Sprungkontext mit dem gesamten Universum. Alle Frequenzen (Menschen) hier auf Erden kommen dadurch in Kontakt, und Konflikte und Veränderungen erscheinen sehr intensiv.

Mutter Erde stellt sich und ihre Werkzeuge, das sind die Natur und die Tiere, dafür zur Verfügung. Es handelt sich dabei um Lichtwesen, also lichtvolle Frequenzen, die nichts mit eurer Frequenz zu tun haben. Sie alle stellen sich zur Verfügung, um diese Frequenzerhöhung zu generieren und euch dabei zu unterstützen.

Das Wissen, welches euch seit Jahrtausenden zur Verfügung steht, um mit eurer Mutter Erde und allem, was sie zur Verfügung stellt, in Kontakt zu treten, ist in jedem von euch verankert. Ihr müsst es nur wieder aktivieren.

Wie aktivieren wir das? Und was bedeutet das genau?

Die Kommunikation mit Mutter Erde und den Tieren und Pflanzen erfolgt telepathisch. Um wieder mit ihr in Kontakt zu treten, müsst ihr euer Herz für sie öffnen und euch wieder bewusst werden, dass sie ein Teil von euch bzw. ihr ein Teil von ihr seid.

Besteht eigentlich die Möglichkeit, dass wir als Menschheit versagen? Dass wir aufgrund unseres destruktiven Verhaltens den Aufstieg nicht schaffen?

Der Aufstieg ist für jeden möglich. Es ist aber ein sehr individueller Weg, den ihr nicht im Sinne eines Kollektivs durchlauft. Niemand wird „zurückgelassen". Die

Veränderungen, die euch und Gaia bevorstehen sind allerdings der Art, dass nicht alle Energieeinheiten, die jetzt als Menschen auf der Erde sind, und die es nicht schaffen, ihre Frequenz bzw. Schwingung zu erhöhen, hierher zurückkehren können. Für diese wird es dann eine neue Welt geben, die ihnen die Möglichkeit geben wird, sich zu erkennen. Diese Welt wird anders sein als die Erde, die ihr jetzt kennt.

Steine

Die Ureinwohner dieses Planeten schreiben den Steinen ein eigenes Bewusstsein zu. Stimmt das?

Alles im Universum hat ein Bewusstsein. Steine sind Informationsquellen bzw. -träger, die auf allen Frequenzebenen statisch sind, d.h. egal, in welcher Frequenz wir uns befinden, der Stein und seine Information ändern sich nie.

Es gibt verschiedene Arten von Steinen. So kennt ihr zum Beispiel die Heilsteine, zu denen jeder, der möchte, Zugang hat. Diese Steine wurden von verschiedenen Wesenheiten programmiert und allen Menschen zur Verfügung gestellt.

Es gibt aber auch noch Steine, die nur ausgewählten Menschen zugänglich sind. Dazu gehört ein Stein, der das universelle Wissen in sich trägt. Aber auch noch „geringere" Varianten davon, die ebenfalls sehr viel Wissen in sich tragen, aber eben nicht das universelle Wissen. Auch diese Steine ändern ihre Eigenfrequenz nicht, die Informationen, die sie tragen, können aber nur von denjenigen abgerufen werden, die dafür ausgewählt sind bzw. den Schlüssel haben.

Dürfen wir erfahren, wer die Steine programmiert hat?

Der „Stein der Weisen", wenn wir ihn so nennen dürfen, wurde von der höchsten Ebene programmiert, also das, was wir euch als 36+2 beschrieben hatten.

Sind mit diesen Steinen die sogenannten Kristallschädel gemeint?

Die Kristallschädel sind von anderen planetarischen Wesen programmiert worden. Sie enthalten enorm viel Wissen, welches aber eher technischer Natur ist.

Die Informationen in den Steinen, die ihr Kristallschädel nennt, stammen aus einer Nachbargalaxie. Sie wurden euch aus zweierlei Gründen gegeben. Zum einen um euch (bestimmten Auserwählten) diese

Informationen zur Verfügung zu stellen. Zum anderen gab es damals aber auch große Konflikte in jener Galaxie. Die Kristallschädel dienten der Sicherung und Speicherung ihres Schatzes an Wissen.

Viel von dem gespeicherten Wissen werdet ihr noch abrufen und nutzen, besonders im technischen Bereich. Vieles könnt ihr aber noch gar nicht verstehen, da euch die technologischen Kenntnisse dazu ganz einfach noch fehlen. Ihr könnt euch den Unterschied in etwas so vorstellen, als ob jemand einem Neandertaler ein Handy in die Hand drücken würde.

Eure sprunghafte technische Entwicklung hängt aber sehr wohl mit dieser Informationsquelle zusammen. Die Informationen werden dabei nicht unbedingt physisch weitergegeben, sondern über eine Art Telepathie mit den Menschen geteilt. Die Informationen werden dabei an jene Menschen gegeben, die in der Lage sind, sie zu verstehen und umzusetzen. Viele eurer großen Denker und Erfinder standen unbewusst mit diesen Schädeln in

Verbindung. Die Kristallschädel wissen sehr wohl, wie sie die Menschen erreichen können.

Warum müssen diese Schädel dann so gut behütet werden, wenn die Schädel sowieso selbst den Empfänger aussuchen?

Die Schädel bergen unwahrscheinlich viel Wissen, das auch missbraucht werden könnte. Viel von dem gespeicherten Wissen ist für euch Menschen jedoch noch unverständlich. Der Schutz der Steine dient aber nicht nur dem Schutz vor dem Missbrauch durch Menschen, sondern hauptsächlich vor Besuchern aus anderen Galaxien, die das gespeicherte Wissen sehr wohl zu nutzen wissen würden. Die Steine wurden damals versteckt, damit das Wissen nicht in falsche Hände gerät.

Das Wissen, das euch durch die Kristallschädel gegeben wird, wird auch nur in sehr geringer Dosis mit euch geteilt, da alles andere eure Physis nicht aushalten würde. Ihr Menschen würdet kollabieren.

So wie bei den Frequenzänderungen? Die können wir ja auch nur nach und nach ändern, damit unser physischer Körper Zeit hat, sich anzupassen.

Genau so.

Gibt es neben diesen „Wissens-Steinen" noch andere Steine?

Ja. Es existieren u.a. auch noch Steine, die Portalöffner sind. So gibt es zum Beispiel Steine, die euch helfen, zum Jupiter zu kommen oder eben zu den Planeten, von denen ihr ursprünglich hierher auf die Erde gekommen seid.

Die Inkas waren Meister der Portale, also Hüter der Portale in der damaligen Zeit. Die Informationen, die durch die Portale zu ihnen gekommen sind, haben sie umgesetzt.

Was ist mit diesen Portalen damals geschehen?

Die Portale gibt es immer noch, der Zugang zu ihnen wurde jedoch eingeschränkt, weil die Menschen noch nicht so weit waren (und sind), sie so zu nutzen, wie es vorgesehen war, d.h. die Informationen, die ihnen gegeben werden, nicht zu missbrauchen.

Der Mensch

Den auf der Erde inkarnierten Seelen wurde die Hülle eines menschlichen Körpers zur Verfügung gestellt, um Dinge erfahren und (er-)fühlen zu können. Dabei geht es nicht um das Fühlen, das Spüren auf der feinstofflichen Ebene, sondern ganz konkret darum, Grenzen bzw. Abgrenzungen im grobstofflichen Bereich zu erfahren und dennoch in der Verbundenheit zu bleiben. Erinnert euch, dass alles dazu dient, neue Erfahrungen zu sammeln. Der Wunsch der Quelle war es, so mannigfaltig und so tief in die Erfahrung und Entfaltung zu gehen, wie nur möglich. Um diese Erfahrungen machen zu können, wurde diese Hülle bereitgestellt. Ihr könnt euch das so vorstellen, als ob man eine Glaskuppel oder etwas ähnliches über ein Licht stülpt, um es wie in einem Gefäß zu halten, damit es sich anders erfährt, in einer anderen Abgrenzung, in einem anderen Fühlen. Es geht dabei nicht nur um den Menschen, sondern um alles um euch herum. Alles um euch herum dient der fühlbaren Erfahrung. Euer Ursprung ist das in sich ausdehnen und verbinden. Das wird durch die Hülle, die euch in die Abgrenzung bringt, intensiviert. Sie lässt euch dadurch am Ende die Verbundenheit untereinander noch mehr erkennen. Es ist wie eine konträre Verknüpfung, die dazu dient, sich bewusst zu werden, dass wir mit allem verbunden sind.

Früher, im Ursprünglichen, wurde diese Verbundenheit wie selbstverständlich gelebt, diese Verbundenheit mit allen und allem. Es war wie eine Verschmelzung, jeder wusste von jedem, jeder hat jeden gehört, es gab keine Vielfältigkeit. Und vor allen Dingen gab es kein tiefes Bewusstsein! Stellt euch vor, die Sonne scheint den ganzen Tag und ihr kennt nur das Licht. Wie könnt ihr dann wissen, was Dunkelheit ist? Und um dieses Bewusstsein zu wecken und spürbar zu machen, galt es, eine Form zu finden, um es dorthin zu entwickeln. Daher entstand die Form einer Hülle, u.a. eben auch die Form eines Menschen.

Warum sehen wir so aus, wie wir aussehen?

Die verschiedenen Schwingungseinheiten, die es gibt, benötigen unterschiedliche Körperformen, um in ihnen existieren zu können. Es gibt also auch Wesen, die anders geformt sind als ihr und dadurch natürlich anders aussehen. Es ist auch so, dass die Körperform einer Schwingungseinheit nicht unbedingt in eine andere Schwingungseinheit übergehen kann. Die Formen würden das nicht überleben. Stellt euch vor, man kreiert ein Gefäß, eine Leitung, das eine bestimmte Energieform beherbergen soll. Wenn das Gefäß nicht auf die Energie abgestimmt ist, dann würde es zerbersten oder schmelzen. Das heißt also, jede Schwingungsebene hat ihre eigene Form.

Jede Hülle ist besonders, aber die menschliche Hülle ist in ihrer Form einzigartig, da sie wie keine andere in der Lage ist, komplexe Energien umzuwandeln. Je höher ihr in die Schwingung kommt hier auf der Erde, umso mehr Zeit braucht der Körper, um sich dem anzupassen. Stellt euch vor, man schüttet Wasser und Öl zusammen in eine Flasche. Nach dem

Schütteln dauert es einige Zeit, bis sich beide wieder voneinander getrennt haben.

Zurzeit gibt es sehr viele Menschen auf der Erde. Woran liegt das bzw. was steht dahinter?

Es gibt gerade einen großen Run auf die Erde, viele Seelen sind noch in der Warteschleife, da viele Seelen den Energiesprung miterleben wollen. Es wird wirklich gerade überlegt, eine Art zweite Erde entstehen zu lassen!

Auch die Substanzform ist wichtig, die viele noch einmal brauchen.

Ich habe noch eine Frage, die mich schon sehr lange bewegt. Sind eigentlich alle Menschen, die je auf der Erde inkarniert sind, vorher schon einmal woanders gewesen? Bzw. kann die erste Inkarnation einer Seele diejenige eines Menschen sein?

Nein, man kann nicht direkt als erstes als Mensch inkarnieren. Um als Mensch zu inkarnieren, muss man vorher eine Entwicklung durchlaufen haben. Da gibt es andere Hüllen, andere Stufen, die auch viel dichter sind als der Mensch.

Ihr habt uns an früherer Stelle erzählt, dass wir verschiedene Schwingungsebenen besuchen können bzw. uns darin bewegen. Wie geht das, wenn wir dann „zerbersten"? Oder hattet ihr euch da mehr auf die feinen Abstufungen von verschiedenen Schwingungen hier auf der Erde bezogen und sprecht jetzt von größeren Schwingungseinheiten?

Die Hülle ist auf die Schwingungsform und Ebene ausgerichtet, wohin die Seele beschließt hinzugehen. Dafür ist die Hülle ausgerichtet und das hält sie auch aus. Um in eine weitaus höhere Schwingungsform zu kommen, werdet ihr nicht mehr als Menschen inkarnieren können bzw. wollen. Es ist nur sehr wenigen Auserwählten möglich, wirklich in jede Substanz hineinzugehen. Nicht nur hier auf eurem Planeten, sondern überall. Sie können ihr Energiespektrum und Energiefeld so einstellen, dass ihre Körperformen nicht zerbersten oder zerschmelzen. Stattdessen sind sie so feinstofflich und durchdringend, dass die gewählten Körperformen nicht wirklich tragend sind. Sie sind nur Mittler und Botschafter, die die Erfahrung Mensch in dem Sinne nicht (mehr) brauchen. Aufgrund dessen haben sie auch eine ganz andere Schwingungsform, die alldurchdringend ist und womit man sich, egal in welche Form, manifestieren kann.

Wie kann man sich so etwas vorstellen?

Wenn du einen Sonnenaufgang mit seinem kraftvollen Licht siehst, so kannst du dir ein Energiefeld vorstellen. Wenn höher entwickelte Lebewesen sich auf der Erde zeigen wollen, so gibt es zwei Möglichkeiten. Entweder sie erstellen eine Projektion von sich als Mensch, welche dann von außen gesteuert ist, oder sie müssen ihr komplettes Energiefeld komprimieren und in die Substanz eines Körpers hineinquetschen. Dabei muss eine sehr starke Komprimierungsenergie aufgewendet werden. Das ist, als ob man sich in ein Mauseloch hineinzwängen muss.

Es bedarf sehr viel Konzentration und Zusammenziehen.

Das hört sich sehr anstrengend an...

Anstrengend ist eher ein Wort, das ihr hier auf der Erde verwendet. Eigentlich ist es eher ein sehr zentrierter Zustand. Stellt euch vor, ihr würdet lachen. Das ist unkontrolliert, eine Zerstreuung von Freude. Aber wie kann man zentriert lachen? Deswegen bleiben diese Wesen nie dauerhaft in einem Körper, da diese Zentrierung nicht langanhaltend möglich ist.

Es gibt allerdings noch die Möglichkeit, sich direkt als Mensch für ein Leben lang hier auf der Erde zu inkarnieren. Dies geschieht dann wie bei allen anderen auch über den Geburtsvorgang und dann ist es nicht mehr notwendig, diese Zentrierungsenergie aufzuwenden. Die Zellen des neuen menschlichen Körpers verbinden sich mit der Energieform des Wesens, wodurch eine größere Ausweitung möglich ist, da die Zellen einen Teil der Energie aufnehmen können.

Manchmal begegnet ihr Menschen, von denen ihr sagt „Wow, hat der eine Ausstrahlung", oder wo eine einfache Begegnung heilsam wirkt. Diese Menschen bringen ihre Energie schon von Anfang an mit.

Wonach wird eigentlich ausgesucht, wer zur Erde kommt? Suchen wir uns das selber aus oder wie funktioniert das?

Da gibt es ebenfalls mehrere Möglichkeiten. Es gibt Energieformen, Seelen, die immer wieder zur Erde kommen, die gar nichts anderes sein wollen, weil sie so große Freude an der Erfahrung Mensch haben. Andere kommen nur einige Male und ziehen dann weiter.

Grundsätzlich ist die Entscheidung immer frei, aber es gibt auch einen Grund, auf die Erde zu kommen, der vielleicht nicht so bekannt ist.

Es gibt im Universum Energien, die man als sehr schwer und klebrig bezeichnen könnte. Diese können andere Energieformen binden und festhalten. Um sie zu befreien, gibt es die Möglichkeit, sie in eine andere Energieform zu zwingen. Die Inkarnation Mensch bietet dabei die Möglichkeit, Energieanteile von dieser „dunklen Masse" zu befreien. Ihr könnt euch das vorstellen wie ein aufsaugendes Loch, das ganz viel Energie einzieht. An den Rändern befinden sich eine Art Auffänger, um die Energien in sich hinein zu saugen und zu binden. Die Seelen/ Energien können nicht einfach wieder herausgezogen werden, sondern sie müssen stückchenweise aus diesem „Teerklumpen" gelöst werden. Diese Stückchen inkarnieren als Mensch und werden dadurch wieder frei. Ihr kennt die davon betroffenen Menschen u.a. als Schizophrene.

Ist das dann wie ein Krankenhausaufenthalt hier auf der Erde?

Nein, der Planet Erde fungiert hier eher als eine Art Zentrifuge. Der menschliche Körper und die Schwingungsfrequenz eures Planeten sind in der Lage, diese Form der dichten Materie zu kompensieren und sie vom feinstofflichen Anteil zu trennen.

Es gibt noch ein wichtiges Thema, das wir gern noch kurz ansprechen würden. Es handelt sich um Seelenpartner, oder Zwillingsseelen, wie ihr sie auch nennt. Es gibt so viele verschiedene Aussagen dazu, dass wir hier gern noch einmal ein paar Erläuterungen geben möchten.

Wir ihr bereits wisst, kommt ihr aus einer gänzlichen Verbundenheit. In dieser Verbundenheit gibt es dennoch noch einmal speziell verbundene Gruppen verschiedener Seelenenergieeinheiten. Diese Seelenfamilien sind eine Einheit, aber dennoch ist jeder für sich. Es ist wie eine Art Netz, oder besser Adern, durch welche die einzelnen Mitglieder dieser Seelengruppe miteinander in Verbindung stehen. Diese tiefe Verbundenheit nehmt ihr wahr, wenn ihr in eine Begegnung oder tiefe Sehnsucht kommt.

In jeder Seelenfamilie gibt es jedoch ein Paar, das ganz besonders miteinander verbunden ist. Es ist wie ein Herz, das zwei Seiten hat, die rechte und die linke Seite. Diese trennen sich, sind aber dennoch durch einen festen und sehr starken goldenen Faden miteinander verbunden. Wenn ihr dieser anderen Seite begegnet, dann kommt ihr in eine Energieerinnerung. Diese Erinnerung bezieht sich nicht nur auf die Sehnsucht nach dem einen Anteil, den ihr mit dem goldenen Strang wiedergefunden habt, sondern sie bezieht sich auf die gänzliche Verbundenheit mit allem. Leider könnt ihr es oft nicht einordnen, da es euch in so großem emotionalen Maße überkommt, dass das alles nur auf diese eine Begegnung, diesen einen Menschen projiziert wird. Der Sinn liegt aber eigentlich darin, ein Gefühl für die gänzliche Verbundenheit wieder bewusst werden zu lassen. Wir beobachten, dass die Menschen sich oft in diesen Begegnungen verlieren, dass die Menschen wie in einen tiefen Tunnel kommen und wie ferngesteuert sind. Die Leichtigkeit und das tiefe Glück wieder spürbar werden zu lassen, ohne in tiefe Trauer und Sehnsucht zu fallen, ist über die Bewusstwerdung der Erinnerung an die gänzliche Verbundenheit möglich. Der ausschlaggebende Punkt ist natürlich die goldene Verbindung, aber es geht insgesamt um die Bewusstwerdung der gänzlichen Verbundenheit.

Das andere Ende eures goldenen Stranges, den ihr auch als Seelenpartner bezeichnet, wird oft missverstanden. Diese Begegnung, die eigentlich etwas ganz anderes auslösen sollte, wird komplett anders gelebt. Es beunruhigt uns, dass es so viele Bücher und Schriften dazu gibt, die nicht richtig sind und die Menschen in Verzweiflung bringen.

Also stimmt es zum Beispiel nicht, dass man seinen Seelenpartner erst in der letzten Inkarnation trifft?

Nein, das stimmt nicht. Stellt euch ein Kind vor, dass einen Luftballon an einem Faden festhält und dieser Luftballon nie wegfliegen kann. Man ist immer miteinander verbunden. Es gibt Inkarnationen, wo man sich begegnet, sich gegenseitig sehr stark wahrnimmt, aber dennoch getrennt weitergeht. Man verbringt selten das Leben und den Alltag miteinander. Oft ist es sogar so, dass der eine auf der anderen Seite der Erdkugel lebt. Dennoch ist man miteinander verbunden. Es kann auch vorkommen, dass man nicht einmal auf dem gleichen Planeten inkarniert! Aber egal wo man sich bewegt, die Verbindung über den goldenen Strang ist immer da.

Sind die Seelenpartner immer gegengeschlechtlich?

Nein, das muss nicht sein. Das ist ein sehr menschliches Konzept. Wie die beiden Enden des goldenen Stranges inkarnieren, ist ganz allein ihnen überlassen.

Gibt es noch etwas, was ihr uns zu dem Thema Mensch sagen wollt?

Genießt es. Es ist toll! Es ist eine außergewöhnliche Form, dieses Mensch-sein. Werdet euch dieser einzigartigen Form, die ihr habt, bewusst. Der Andrang auf die Erde ist groß. Seht es als Geschenk an!

Warum der Schmerz nur ein Lehrer ist

Als ihr uns den Titel für das zehnte und letzte Kapitel dieses Buches durchgegeben hattet, waren wir überrascht, da er auf den ersten Blick nur wenig mit dem Thema dieses Buches zu tun hat.

Es mag vielleicht nicht offensichtlich sein, aber er passt zum Schwingungsmuster dieses Buches.

Der Schmerz ist etwas, was wir als Menschen doch sehr fürchten und am liebsten vermeiden würden. Wie kann er unser Lehrer sein?

Stellt euch einen Stein vor, der in euch festsitzt. Der Stein ist ein bestimmtes Thema, das ihr in euch tragt, welches unbeweglich und fest ist, das nicht angeschaut werden kann, weil ihr es gar nicht wahrnehmen könnt. Der Schmerz dient dazu, den Stein ins Rollen, in Bewegung zu bringen und damit das in euch festsitzende Thema bewusst werden zu lassen.

Wenn das hinter dem Schmerz liegende Thema an die Oberfläche gekommen ist und ihr euch bewusst damit auseinander setzt, dann kann das Thema in die Auflösung gehen. Erst dann kann Heilung geschehen.

Was ist mit all den Bemühungen, die unternommen werden, um den Schmerz künstlich zu unterdrücken?

Dadurch kann die ursprüngliche Funktion des Schmerzes nicht wahrgenommen und die hinter dem Schmerz liegende Geschichte nicht anerkannt werden. Die Bewusstwerdung für den Sinn des Schmerzes hat in den letzten Jahren jedoch stark zugenommen. Es ist ein Verständnis dafür gewachsen, dass es in euch irgendwo „große Steine" gibt, die dafür stehen, dass Verhärtungen in euch existieren, dass ihr nicht in Bewegung, nicht im Fluss seid. Ihr versteht langsam, dass ihr die Dinge in euch selbst verhärtet habt, Dinge wie Trauer und schlimme Erfahrungen, die euch „versteinert" haben. Der Schmerz bringt all das wieder ins Rollen, weil ihr dadurch an Themen rankommt, die ihr sonst nicht bewegen könntet. Ihr begreift, dass es nicht unbedingt Zufälle sind, die euch bestimmte Krankheiten und Leiden entwickeln lassen.

Das erscheint mir sehr einleuchtend. Wenn wir Gedanken, Gefühle in uns einschließen und nicht als Teil von uns annehmen, dann werden sie sich früher oder später als Schmerz oder Krankheit in unserem grobstofflichen Körper manifestieren.

So ist es. Aber es gibt noch einmal einen Unterschied zwischen Schmerz und Krankheit. Krankheit ist eine Projektionsfläche, der Schmerz ist das Hebelwerkzeug. Projektionsfläche bedeutet, dass hier ein Bild sichtbar wird, um den Inhalt zu verstehen. Der Schmerz ist das Hebelwerkzeug, das alles ins Rollen bringt, um sich aufzulösen! Wie ein Stock, den ihr unter einen Stein klemmt, damit dieser sich in Bewegung setzen kann.

Es gibt Menschen, die schon viel Erfahrung mit Schmerzen haben und die die dahinterstehende Funktion verstanden haben. Solche Menschen werden ihre Steine nie wieder groß werden lassen.

Wenn ihr Schmerz spürt, dann erinnert euch an das Bild des Hebels, der das, was ihr in euch verhärtet habt, freisetzen will. Dieses Bild wirkt befreiend und kann euch dabei helfen, den Schmerz als Geschenk anzunehmen. Auch wenn es schwerfällt, ihr dürft dem Schmerz danken für das, was er in euch in Bewegung setzt. Anerkennt den Schmerz für das, was er für euch tut. In seiner Einfachheit und Wirkungskraft ist er ein einmaliges Werkzeug.

Ich weiß nicht, ob das für Menschen, die wirklich krank sind und starke Schmerzen haben, ein Trost ist... Könnt ihr uns vielleicht noch mehr über die Ursachen von Krankheit und Heilung erzählen?

Das würde den Rahmen dieses Buches sprengen, weshalb wir uns die Antworten dazu gern für ein weiteres Buch aufheben möchten.

Über uns

Menschen und Tiere liegen Klaudia Ka'alaya Skodnik gleichermaßen am Herzen. Neben einem Studium der Architektur hat sie daher zahlreiche Weiterbildungen in der Tierheilpraktik und Pferdephysiotherapie absolviert. Ihr Antrieb ist seit jeher, Dinge zu verändern und zu bewegen. Ihr Wunsch ist es, auch anderen die Chance zu geben, ihre Stärken und Potentiale zu erkennen, zu leben und so für ein stärkeres Miteinander zu sorgen. Ramona Maleh'na Prillwitz hat Politikwissenschaft, Geschichte und Soziologie studiert. Neben einer Berufstätigkeit im internationalen Bereich hat sie verschiedene Ausbildungen in den Bereichen Yoga, Reiki, Entspannung und Meditation abgeschlossen. Sie sieht darin ihre berufliche Zukunft und wünscht sich, Menschen dabei zu helfen, sich wieder mit sich selbst zu verbinden.

Wahrscheinlich werden Sie, liebe Leser, sich fragen, mit wem genau wir da eigentlich kommunizieren. Die Wesenheiten haben sich uns gegen Ende der Botschaften als

„Rat der Karypteronier" vorgestellt. In diesem Rat, so sagen sie, versammeln sich Vertreter unterschiedlicher Galaxien und Dimensionen, um über die Entwicklungen im Universum zu wachen.

Wenn Sie Fragen oder Anregungen haben, dann können Sie uns gern kontaktieren.

www.wirsindsovielmehr.de

Danksagung

Ein großes, von Herzen kommendes Danke
an die wundervolle Soluru Antari, die mit
Liebe, Herzenswärme und Engagement
interessierten Menschen den Zugang zur
eigenen Akasha-Chronik nahebringt.

Danke auch an das Leben, das so vielfältig
und bunt ist und das immer wieder neue
Möglichkeiten kreiert, um uns selbst zu
erfahren und wachsen zu lassen.